BEI GRIN MACHT SICH IHR WISSEN BEZAHLT

AF141574

- Wir veröffentlichen Ihre Hausarbeit, Bachelor- und Masterarbeit

- Ihr eigenes eBook und Buch - weltweit in allen wichtigen Shops

- Verdienen Sie an jedem Verkauf

Jetzt bei www.GRIN.com hochladen und kostenlos publizieren

Michael Schön

Die kommunale Selbstverwaltung in Bayern und die Gemeindegebietsreform vom 16. Dezember 1971

GRIN Verlag

Bibliografische Information der Deutschen Nationalbibliothek:

Die Deutsche Bibliothek verzeichnet diese Publikation in der Deutschen National-
bibliografie; detaillierte bibliografische Daten sind im Internet über http://dnb.d-
nb.de/ abrufbar.

Impressum:

Copyright © 2002 GRIN Verlag GmbH
Druck und Bindung: Books on Demand GmbH, Norderstedt Germany
ISBN: 978-3-638-83128-4

Dieses Buch bei GRIN:

http://www.grin.com/de/e-book/77515/die-kommunale-selbstverwaltung-in-bayern-
und-die-gemeindegebietsreform

GRIN - Your knowledge has value

Der GRIN Verlag publiziert seit 1998 wissenschaftliche Arbeiten von Studenten, Hochschullehrern und anderen Akademikern als eBook und gedrucktes Buch. Die Verlagswebsite www.grin.com ist die ideale Plattform zur Veröffentlichung von Hausarbeiten, Abschlussarbeiten, wissenschaftlichen Aufsätzen, Dissertationen und Fachbüchern.

Besuchen Sie uns im Internet:

http://www.grin.com/

http://www.facebook.com/grincom

http://www.twitter.com/grin_com

Otto - Friedrich - Universität Bamberg

Fachbereich: Soziale Arbeit

Sommersemester 2002

Referat:

Die kommunale Selbstverwaltung in Bayern
und die Gebietsreform vom 16. Dezember 1971

Fach: Politik 2. 3. 1

Seminar: Die politische Ordnung in Bayern

Referent: Michael Schön

Vortragsdatum: 29. 05. 2002

Inhaltsverzeichnis

1. Einführung

Der Freistaat Bayern ist ein auf freiheitlich -demokratischen Grundsätzen aufbauendes Staatsgebilde, in dem die Bürger die größtmögliche Freiheit z. B. bei der Verwaltung und Organisation ihrer eigenen, unmittelbaren Belange haben sollen.

In Bayern wird deshalb der kommunalen Selbstverwaltung ein ganz erheblicher Stellenwert beigemessen.

Die Bayerische Verfassung trägt dieser bedeutenden Rolle Rechnung indem in ihr sogar in Artikel 11, Absatz 4 der Grundsatz: " Die Selbstverwaltung der Gemeinden dient dem Aufbau der Demokratie in Bayern von unten nach oben", aufgenommen wurde.

Wie sich das im Einzelnen darstellt, werde ich im Anschluß erläutern.

2. Strukturen der kommunalen Selbstverwaltung

Die kommunale Selbstverwaltung in Bayern ist in drei Ebenen gegliedert.

Die unterste Ebene bilden die Gemeinden, dann folgen die Landkreise und als oberste Ebene fungieren die Bezirke.

Der Freistaat Bayern ist in 7 Regierungsbezirke aufgeteilt, (Oberbayern, Niederbayern, Oberpfalz, Unter -, Mittel -, Oberfranken und Schwaben) diese Bezirke wiederum sind untergliedert in insgesamt 71 Landkreise, 25 kreisfreie Städte und 2031 kreisangehörige Gemeinden.

Von den kreisangehörigen Gemeinden besitzen 1028 eine eigene Verwaltung, weshalb man diese Gemeinden dann "Einheitsgemeinden" nennt.

Die anderen 1003 Gemeinden sind in 319 Verwaltungsgemeinschaften zusammengeschlossen, weshalb man sie als "Mitgliedsgemeinden" bezeichnet. (Aus: Bayern: Fakten, Zahlen, Politik, Bayerische Staatskanzlei -Öffentlichkeitsarbeit-, 2000, S.35f.)

Um die Strukturen der kommunalen Selbstverwaltung besser zu verstehen, werde ich nun alle drei Ebenen eingehender beleuchten.

3. Gemeinden

Gemeinden sind älter als alle anderen staatlichen Strukturen und existierten bereits lange, bevor die ersten Staaten entstanden.

Diese Gemeinschaften schufen sich bestimmte Symbole, als nach außen sichtbares Zeichen der Zusammengehörigkeit und gaben sich feste Regeln und Gesetze.

Auch kollektive Aufgaben entwickelten sich, wie z.b. die Versorgung der Kranken oder Invaliden.

Waren früher die Gemeinden für den Einzelnen der umfassendste soziale Zusammenschluß überhaupt und der Staat nur ein vages Gebilde, so hat sich das Bild heute durch die modernen Medien grundsätzlich geändert.

Die Gemeinde wird vom modernen Menschen jetzt nur noch als ein kleines Teilsystem eines größeren sozialen Systems wahrgenommen.

In unserem demokratischen Staat sind die Gemeinden die Keimzellen der Demokratie, die kleinsten Einheiten des demokratischen Staates. (Aus: Die kommunalen Ebenen in Bayern, 2001, S.9f. und Politische Landeskunde Freistaat Bayern, 2000, S. 140, beide: Landeszentrale für politische Bildungsarbeit).

Um den Begriff der Gemeinde einmal zu klären, möchte ich nun erst einmal eine Definition aus dem Buch: Die kommunalen Ebenen in Bayern vorstellen.

Definition:

> Die Gemeinde ist gekennzeichnet durch lokale Gebundenheit an einen bestimmten und abgegrenzten Raum und durch die räumliche Nähe der in ihr lebenden Menschen. Sie ist ein Geflecht sozialer Beziehungen zwischen Menschen, die in einem mehr oder weniger großen lokal begrenzten Raum wohnen und in derart mannigfaltigen wirtschaftlichen, sozialen und kulturellen Bindungen zusammenleben, dass ein wesentlicher Teil ihrer Bedürfnisse und Interessen innerhalb dieses Rahmens befriedigt werden kann. Die Gemeinde umschließt im wesentlichen alle Einrichtungen, die als Voraussetzung für die persönliche Entfaltung anzusehen sind. Dem Menschen begegnen in seiner Entwicklung die meisten sozialen Zusammenhänge, die über den engsten Kreis der Familie hinausgehen, zuerst in der Gemeinde, die damit das bedeutendste Sozialgebilde zwischen Familie und gesellschaftlichen Großgebilden darstellt.

5

(Die kommunalen Ebenen in Bayern: Kommunal - Ordnungen und Wahlen, Bayerische Landeszentrale für politische Bildungsarbeit, 5. Aufl., 2001, S.9)

Anzumerken ist noch der Unterschied zwischen Gemeinde als soziales Gebilde und der "Verwaltungseinheit Gemeinde".

Die "Verwaltungseinheit Gemeinde schließt Gemeinden jeder Größenordnung ein, die Millionenstadt genauso wie die Landgemeinde. Sie bezieht sich zwar auf die Gemeinde als soziale Einheit, muß sich aber nicht mit ihr decken, sondern kann z.b. in Ballungszentren nur Teile von ihr enthalten.

Die bayerischen Gemeinden bestehen im wesentlichen seit der Gebietsreform von 1808 /1818 in der Maximilian Joseph Graf von Montgelas die bis dahin etwa 40 000 Städte, Märkte und Weiler zu über 7000 Gemeinden zusammenfaßte.

Allerdings waren die entstehenden "Verwaltungseinheiten Gemeinden " noch weit vom heutigen Prinzip der Selbstverwaltung entfernt, da sie unter starker staatlicher Bevormundung standen und so gut wie keine Einflußmöglichkeiten auf den König und das Parlament hatten.

Erst das Gemeindeedikt von 1818, das erst nach der Ablösung Montgelas zustande kam, brachte wieder Elemente der Selbstverwaltung ein, die auf die Ideen des Freiherrn von Stein zurückgingen.

Aber erst die Gemeindeordnung von 1869 garantierte den Gemeinden ausdrücklich das Selbstverwaltungsrecht.

Mit Ergänzungen hatte die Gemeindeordnung von 1869 nur wenig verändert bis 1927 bestand, wo sie durch eine neue Gemeindeordnung abgelöst wurde.

In dieser neuen Ordnung wurden vor allem rechtliche Unklarheiten beseitigt.

Im Jahre 1935 wurde von den Nationalsozialisten eine für ganz Deutschland einheitliche "Deutsche Gemeindeordnung" erlassen.

Diese Gemeindeordnung basierte auf dem "Führerprinzip", was bedeutet, dass der Bürgermeister nicht mehr frei gewählt, sondern vom Führer eingesetzt wurde und die Verordnungen und Erlasse des Führers als allein verantwortliche Instanz innerhalb der Gemeinde durchzusetzen hatte.

Nach dem Zusammenbruch des NS - Staates galt von 1945/46 - 1952 eine behelfsmäßige Gemeindeordnung, die am 18. Januar 1952 dann von einer neuen, auf den Grundsätzen der Bayerischen Verfassung basierenden abgelöst wurde.

In ihr wurden umfassende Gesetzesregelungen des bayerischen Gemeinderechts umgesetzt. (Die kommunalen Ebenen in Bayern: Kommunalordnung und Wahlen, Bay. Landeszentrale für politische Bildung, 2001, S.10, 11 und Politische Landeskunde Freistaat Bayern, Landeszentrale für politische Bildungsarbeit, 2000,S.22f.).

3.1 Gemeindestrukturen

Gemeinden werden unterteilt, wie ich schon in der Einführung kurz angesprochen habe, in kreisangehörige Gemeinden, kreisfreie Städte (25 in Bayern) und große Kreisstädte (26 in Bayern).

Kreisfreie Städte, wie etwa Passau oder Weiden i. d. Opf., stehen den Landkreisen gleich, sie besitzen neben dem Bürgermeister noch einen Oberbürgermeister und nehmen zusätzlich zu den Gemeindeaufgaben auch noch Aufgaben der Landkreise wahr, wie etwa das Sozialamt und Landratsamt. Im Unterschied zu den kreisangehörigen Gemeinden, erstreckt sich die Hoheitsgewalt der kreisfreien Städte nur auf das Stadtgebiet selbst, da sie keinem Landkreis angehören.

Die großen Kreisstädte (z.b. Rothenburg ob der Tauber) nehmen eine gewisse Sonderstellung ein, da sie erst bei der Gemeindegebietsreform von 1971 - 1978 (Gesamtdauer bis zum Abschluß) aus ehemals kreisfreien Gemeinden entstanden und ein gewisses Zugeständnis an die Ortschaften darstellen, die ihre Kreisfreiheit verloren. (Die kommunalen Ebenen in Bayern, 2001,S.11 und politische Landeskunde Freistaat Bayern, 2000, S.26.)

So sind sie für gewisse Aufgaben Kreisverwaltungsbehörde (nicht für alle) und nehmen Aufgaben des Landratsamtes wahr. (Die kommunalen Ebenen in Bayern: Kommunalordnung und Wahlen, Bay. Landeszentrale für polit. Bildungsarbeit, 2001, S.12f.).

Von großer praktischer Bedeutung sind auch die 319 "Verwaltungsgemeinschaften" zu denen die 1003 Mitgliedsgemeinden zusammengeschlossen sind. Sie stellen für die Mitgliedsgemeinden einen personell und materiell umfangreicher ausgestatteten gemeinsamen Verwaltungsapparat bereit, der alle anfallenden Aufgaben besser erledigt, als die "Kleinstgemeinden" das alleine könnten. Die Mitgliedsgemeinden verlieren dabei aber keineswegs ihre Selbständigkeit. (Aus: Politische Landeskunde Freistaat Bayern, Landeszentrale für politische Bildungsarbeit, 2000, S.141. Zahlen aus der aktuelleren Ausgabe von: Die kommunalen Ebenen in Bayern, Landeszentrale für politische Bildungsarbeit, 2001, S.11)

3.2 Gemeindeorgane

Grundsätzlich gibt es in der bayerischen Gemeindeordnung zwei Hauptorgane, zum einen den vom Gemeindevolk frei gewählten Gemeinderat und den ebenfalls unmittelbar, frei gewählten Bürgermeister. (Siehe Art. 29 Gemeindeordnung).

Diese beiden Hauptorgane sind gleichrangig und haben abgegrenzte Kompetenzbereiche.

In den kreisfreien Gemeinden und großen Kreisstädten führt der Bürgermeister die Bezeichnung "Oberbürgermeister" und der Gemeinderat wählt noch mindestens einen oder auch zwei weitere Bürgermeister aus seiner Mitte.

Der Gemeinderat stellt die repräsentative Vertretung der Bürger dar und ist das allgemeine Verwaltungsorgan der Gemeinde, er wird sowohl rechtssetzend, als auch rechtsausführend tätig.

Der Gemeinderat setzt sich zusammen aus den ehrenamtlichen Gemeinderatsmitgliedern und dem ersten Bürgermeister. (Art.31 Abs.1 Gemeindeordnung)

In Gemeinden mit mehr als 10. 000 Einwohnern sind auch berufliche Gemeinderäte tätig, die dann aber nur in "Gegenständen ihres Aufgabengebietes" beratende Stimme und ein eigenständiges Antragsrecht haben. (Siehe Art. 40 Gemeindeordnung)

Eine spezielle Aufgabe des Gemeinderates ist der Erlaß einer Geschäftsordnung. (siehe Art. 45 Gemeindeordnung)

In ihr sind Bestimmungen über Form und Frist der Gemeinderatssitzungen, sowie der Geschäftsgang des Gemeinderates geregelt. Unter Geschäftsgang versteht man die einzelnen Aufgaben die vom Gemeinderat zu bewältigen sind.

Die Geschäftsordnung bindet nur den Bürgermeister und den Gemeinderat, hat aber keinen rechtlichen Einfluß auf die Gemeindebürger.

Die Gemeinderatsmitglieder sind zur Verschwiegenheit und zur ordnungsgemäßen Durchführung ihrer übertragenen Aufgaben verpflichtet. (Siehe: Gemeindeordnung Art. 20.)

Ein Gemeindebeamter kann nach Art. 32, Abs. 4 nicht gleichzeitig Gemeinderatsmitglied sein.

Der Gemeinderat kann, zur Entlastung der Vollversammlung, auch Ausschüsse bilden. Das können dann "vorberatende" und "beschließende Ausschüsse sein.

Die vorberatenden Ausschüsse haben lediglich gutachterliche Funktion, während die beschließenden anstelle des Gesamtgemeinderates selbständig beschließen.

Diese Ausschüsse müssen allerdings aus Gemeinderatsmitgliedern bestehen und außerdem müssen sie die Sitzverteilung des Gemeinderates widerspiegeln.

Der erste Bürgermeister / Oberbürgermeister, wird wie der Gemeinderat auch, unmittelbar von den Gemeindebürgern gewählt und ist der oberste Repräsentant der Gemeinde nach außen, der auch das Recht hat rechtsverbindliche Erklärungen nach "außen " abzugeben, oder von "außen" zu empfangen. (siehe: Art. 38 Gemeindeordnung)

Seine Rechtsstellung wird einmal durch die Gemeindeordnung und zum anderen durch das Gesetz über kommunale Wahlbeamte (KWBG) geregelt.

So ist der erste Bürgermeister nach KWBG Art.1 Beamter der Gemeinde und ehrenamtlich, in Städten über 10.000 Einwohner, sowie großen Kreisstädten und kreisfreien Städten, hauptberuflich tätig (siehe: Art. 34 GO).

In kreisfreien Städten und großen Kreisstädten führt der 1. Bürgermeister den Titel "Oberbürgermeister" und er hat mindestens einen oder sogar zwei weitere Bürgermeister unter sich, die ganz normale Mitglieder des Gemeinderates sind und auch von selben gewählt werden und den Oberbürgermeister bei Verhinderung oder Terminüberschneidung, vertreten (Art. 39, Abs. 1 GO).

Der Bürgermeister ist selbst voll stimmberechtigtes Mitglied des Gemeinderates, führt den Vorsitz in der Gemeinderatssitzung und übt das Hausrecht aus (Art. 31 Abs. 1, 36 und Art. 53 GO).

Zu den Pflichten des Bürgermeisters gehören z. B. die Erledigung der täglichen Verwaltungsgeschäfte, Vollziehung der Beschlüsse des Gemeinderates (Gemeinderat hat keine Vollzugsgewalt Art. 36 Satz 1 GO) und die Vertretung der Gemeinde nach außen.

Er kann auch als alleiniges willensbildendes Organ nach außen auftreten, aber nur, wenn er von der Rechtsaufsichtsbehörde dazu ermächtigt wurde (Art. 114 Abs.1 Satz 1 GO).

Außerdem ist der 1. Bürgermeister Vorgesetzter aller Beamten, Arbeiter und Angestellten innerhalb der Gemeinde (Art.37 Abs.4 GO). (Aus: Die kommunalen Ebenen in Bayern: Kommunalordnung und Wahlen, Landeszentrale f. polit. Bildungsarb. , 2001, S. 19ff)

3.3 Selbstverwaltung - Aufgaben und Pflichten.

Im Grundgesetz steht im Artikel 28. Absatz 1, das die verfassungsmäßige Ordnung in den Ländern den Grundsätzen des republikanischen, demokratischen und sozialen Rechtsstaates entsprechen und das Volk in den Ländern, Kreisen und Gemeinden eine Vertretung haben muß, die aus allgemeinen, unmittelbaren, freien, gleichen und geheimen Wahlen hervorgegangen ist.

In der Bayerischen Verfassung in Art. 11, Abs.2 werden die Gemeinden als "ursprüngliche Gebietskörperschaften des öffentlichen Rechts" bezeichnet, die das Recht haben, ihre Angelegenheiten im Rahmen der bestehenden Gesetze selbst zu ordnen und zu verwalten, insbesondere ihre Bürgermeister und Vertretungskörperschaften zu wählen.

Auf jenen Grundsätzen wurde die Gemeindeordnung von 1952 aufgebaut und den Bürgern ein erhebliches Mitspracherecht eingeräumt, was ja in der Bayerischen Verfassung, wie bereits oben erwähnt, deutlich herausgestrichen wird, wenn vom Aufbau der Demokratie in Bayern von unten nach oben gesprochen wird.

So haben Bürger die Möglichkeit sich aktiv zu beteiligen indem sie an der **Bürgerversammlung** teilnehmen, wo sie Empfehlungen an den Gemeinderat herantragen können oder sie stellen einen **Bürgerantrag** mit Begründung und mindestens drei Vertreter müssen namentlich angegeben sein. Außerdem muß 1% der Gemeindeeinwohner diesen Antrag unterstützen.

Seit 1. Oktober 1995 können auch auf Gemeindeebene **Bürgerbegehren** und **Bürgerentscheid** beantragt werden, aber nur für gemeindeinterne Belange die nicht in die allgemeine Verwaltung eingreifen. (Aus: Die kommunalen Ebenen in Bayern, Landeszentrale für politische Bildungsarbeit, 2000, S.17f.).

Gemeinden/ Kommunen sind "Körperschaften des öffentlichen Rechts" und dadurch als "juristische Personen" anerkannt.

Sie können Verträge schließen, vor Gericht ziehen und auch selbst verklagt werden.

Kommunen unterliegen wie alle anderen juristischen oder natürlichen Personen, den allgemeinen Gesetzen. Zum anderen unterliegen sie aber auch besonderen Regelungen in bezug auf ihren Status und ihren Aufgaben.

Das bedeutet: Ist z. B. die Gemeinde Besitzerin von gemeindeeigenen Mietshäusern, so ist sie wie ein Privatmann gesetzlich dazu verpflichtet jene Häuser instand zu halten.

Allerdings gibt es auch Fälle wo Gemeinden, obwohl privatrechtlich handelnd, öffentlich - rechtlichen Bindungen unterworfen sind, z. B., wenn eine Kommune einer ihr unliebsamen Partei die Stadthalle nicht vermieten will, kann sie vom Gericht dazu gezwungen werden es doch zu tun, da hier aufgrund des verfassungsrechtlich fest geschriebenen Rechtes auf Chancengleichheit im Wahlkampf, das öffentlich - rechtliche Interesse überwiegt. (Roth, R; Wollmann, H. Kommunalpolitik, Verlag Leske und Budrich, 1994, S.95, 96).

Gemeinden besitzen laut Bayerischer Verfassung Art. 83 Abs. 1 die Satzungsautonomie, was bedeutet das sie in ihrem Gebiet gültige Ortsgesetze und Satzungen erlassen dürfen. So dürfen sie z. B. Die innere Organisation der Gemeinde durch die Hauptsatzung regeln oder finanzielle Angelegenheiten durch die Haushaltssatzung, sie können Gebühren für die Benutzung kommunaler Einrichtungen z. B. Schwimmbad, etc. oder Beiträge zur Finanzierung kommunaler Leistungen, z. B. Erschließungskosten für Baugebiete festsetzen, außerdem dürfen sie die Hebesätze für die örtlichen Steuern, wie etwa die Hundesteuer, Gewerbesteuer, Grundsteuer, Vergnügungssteuer und anderer "Bagatellsteuern" festlegen. (Aus: Roth, R. Wollmann, H. Kommunalpolitik, Verlag Leske und Budrich, 1994, S. 104f und Die kommunalen Ebenen in Bayern: Kommunalordnung und Wahlen, Bay. Landeszentrale f. polit. Bildungsarb. 2001, S. 22).

Neben diesen Rechten haben Gemeinden natürlich auch eine ganze Reihe von Aufgaben zu erfüllen.

Diese lassen sich im Allgemeinen in **Pflichtaufgaben**, **Freiwilligen Aufgaben** und vom **Staat übertragene Aufgaben** unterteilen.

1. Pflichtaufgaben

Außerhalb der Gemeindeordnung haben die Gemeinden eine Reihe von Pflichtaufgaben durchzuführen, zu diesen gehören z. B. die Trinkwasserversorgung, die Abfallbeseitigung, die Vermögenswirtschaft, die Bauplanung, die Totenbestattung, das Schul- und Straßenwesen u.a. Sind einzelne Gemeinden nicht in der Lage diesen Pflichten nachzukommen, so hat das grundsätzlich in kommunaler Zusammenarbeit zu geschehen. (Art. 57 Abs. 3 GO).

2. Freiwillige Aufgaben

In Art. 57 Abs.1 Satz 1 GO empfiehlt die Gemeindeordnung bestimmte Aufgabenbereiche wahr zu nehmen, verpflichtet jene aber nicht dazu. Solche Aufgaben sind z. B. das Einrichten von Altersheimen, Waisenhäusern, Sportstätten, Stadthallen, Museen usw.

Die Übernahme solcher freiwilligen Aufgaben darf aber nicht zu Lasten der Pflichtaufgaben gehen, da diese auf jeden Fall durchgeführt werden müssen.

3.4 Vom Staat übertragene Aufgaben

Nach Art. 8, 58 GO sind Gemeinden verpflichtet im "Namen des Staates" gewisse ihnen übertragenen Aufgaben nachzukommen.

Dazu gehören Verwaltungsgebiete wie etwa das Meldewesen, Ausländerrecht, Straßenverkehr, Gewerbewesen, Katastrophenschutz, Jagd - Forst - und Fischereiwesen, Wahlrecht, Erlaß der Gemeindeordnung usw. (Aus: Die kommunalen Ebenen in Bayern, Bayerische Landeszentrale für politische Bildungsarbeit, 2001, S.23 und Politische Landeskunde Freistaat Bayern, Bayerische Landeszentrale für politische Bildungsarbeit, 3. Aufl., 2000, S.141).

3.5 Wahlen

Wahlberechtigt für die Gemeinderats- und Bürgermeisterwahl sind nur jene Gemeindebürger, die deutscher Staatsangehörigkeit sind oder einem der Mitgliedsstaaten der EU angehören und die in der betreffenden Gemeinde seit mindestens 3 Monaten wohnhaft gemeldet sind, das 18. Lebensjahr vollendet haben und nicht nach Art. 1, 2 GLKrWG vom Wahlrecht ausgeschlossen sind.

Sie alle besitzen das aktive Wahlrecht, dass heißt sie dürfen wählen gehen.

Das passive Wahlrecht dagegen, das zur Kandidatur für ein Amt als Gemeinderat berechtigt, besitzen nur Bürger die das 18. Lebensjahr vollendet haben und sich mindestens 6 Monate in der Gemeinde aufhalten.

Im Unterschied dazu müssen Bewerber um das Bürgermeisteramt mindestens 21 Jahre alt sein und Deutsche im Sinne des Grundgesetzes (Art. 116 Abs.1).

Gewählt wird nach der "verbesserten Verhältniswahl". Verbessert deshalb, weil der Wähler so viele voneinander unabhängige Stimmen hat wie ehrenamtliche Gemeinderats - und Kreistagsmitglieder zu wählen sind. Die Stimmen können panaschiert, also auf Bewerber verschiedener Wahlvorschläge verteilt oder sie können kumuliert, werden, das bedeutet man kann einem Bewerber bis zu drei Stimmen geben.

Für den Fall allerdings, das kein oder nur ein gültiger Wahlvorschlag vorhanden ist findet eine Mehrheitswahl statt, bei der nicht kumuliert werden darf und ohne Bindung an einen Bewerber gewählt wird.

Der Wähler hat doppelt so viele Stimmen wie Mitglieder des Gemeinderates zu wählen sind und auf den Stimmzetteln können doppelt so viele Bewerber aufgeführt sein wie Gemeinderatsmitglieder zu wählen sind.

Gewählt sind dann jene Bewerber in der Reihenfolge der meisten auf sich vereinigten Stimmen. (Art.38 GLKrWG).

Sowohl die Amtszeit des Gemeinderates, als auch die Amtszeit des ersten Bürgermeisters beträgt grundsätzlich sechs Jahre (Art. 23 GLKrWG), außer die Amtszeit des ersten ehrenamtlichen Bürgermeisters beginnt später als die des Gemeinderates, dann endet seine Amtszeit mit der des Gemeinderates. (Art. 41 Abs.2 GLKrWG).

Die Amtszeit eines berufsmäßigen ersten Bürgermeisters dagegen ist nicht an die Wahlzeit des Gemeinderates gekoppelt.

Die Zahl der zu wählenden Gemeinde - Markt - und Stadträte richtet sich nach der Größe der Kommune, sie kann zwischen 8 und 60 Mitglieder betragen. (Aus: Die kommunalen Ebenen in Bayern, Landeszentrale für politische Bildungsarbeit, 2001, S. 14f. und Politische Landeskunde Freistaat Bayern, Landeszentrale für politische Bildungsarbeit, 2000, S.145)

4. Landkreise

Wie bereits erwähnt gibt es innerhalb der Grenzen Bayerns 71 Landkreise.

Die Entstehung der Landkreise geht auf den Grafen Montgelas und dessen Reformen zu Beginn des 19. Jahrhunderts zurück.

Ursprünglich waren es 143 doch wurde diese Zahl bei der Gebietsreform von 1971 mehr als halbiert, um effizientere Verwaltungseinheiten zu schaffen. (Aus: Politische Landeskunde Freistaat Bayern, Landeszentrale für politische Bildungsarbeit, 2000, S.146).

Anders als bei den Gemeinden wird der Wirkungskreis, also das Gesamtspektrum der Aufgaben des Landkreises, durch die Gesetzgebung auf Grundlage der Bayerischen Verfassung bestimmt.

Das heißt, dass die Landkreise auch im eigenen Wirkungskreis nur Aufgaben ausüben dürfen, die ihnen von Gesetz zugewiesen wurden. (siehe: Gemeinden, Landkreis, Bezirk, Landeszentrale für politische Bildungsarbeit, 3. Aufl., 1997, S.66)

Ähnlich wie die Gemeinden erfüllen aber auch die Landkreise Selbstverwaltungsaufgaben und solche des übertragenen Wirkungskreises.

Die Frage ob die Gemeinde oder der Landkreis für eine betreffende Angelegenheit zuständig ist, richtet sich danach ob sie eine **"örtliche"** oder **"überörtliche"** Relevanz hat.

Aus einer "örtlichen" Aufgabe wird eine "überörtliche", wenn sie ein größeres Einzugsgebiet hat oder notwendig macht und wenn ein erhöhter Aufwand nötig ist, den eine Gemeinde alleine nicht leisten kann.

Das wichtigere Augenmerk ruht hierbei eindeutig auf dem "größeren Einzugsgebiet".

Ein besonders charakteristisches Beispiel bietet hier das Schulwesen.

- Die Gemeinden sind für die Versorgung und dem Unterhalt der Grund - und Hauptschulen zuständig. (Geringere Kosten, kleineres Einzugsgebiet).

- Die Landkreise sind für die sächliche Ausstattung der Realschulen und Gymnasien, sowie für Berufs - und Sonderschulen zuständig(größeres Einzugsgebiet und deutlich höhere Kosten).

Neben diesen Aufgaben fallen den Landkreis noch folgende im **eigenen Wirkungskreis** hinzu: Abfallbeseitigung, Errichtung und Unterhalt von Krankenhäusern, die überörtliche Trinkwasserversorgung, Sozialhilfe, weiter Aufgaben sind im Art.51 LkrO aufgezählt.

Zu den wichtigsten Aufgaben des **übertragenen Wirkungskreises** gehören der Vollzug des Landesstraf - und Verordnungsgesetzes, Erlaß der Kreisverordnung, Leistungen nach dem Wohngeldgesetz und der Rettungsdienst.

Von der inneren Struktur ist der Landkreis ähnlich aufgebaut wie eine Gemeinde.

Die Organe des Landkreises sind der Kreistag und der Landrat, die ebenfalls auf jeweils sechs Jahre direkt von den Bürgern des Landkreises gewählt werden.

Das Landratsamt hat einen Doppelcharakter, zum einen ist es eine untere **staatliche Verwaltungsbehörde** (Kreisverwaltungsbehörde) und zum anderen ist es eine **Kreisbehörde,** die Aufgaben im Eigeninteresse des Kreises vertritt und wahrnimmt.

Die Abgrenzung zwischen diesen beiden Behörden erfolgt nur über die jeweilige, gerade bearbeitete Aufgabe.

14

Auch der Landrat unterliegt diesem Doppelcharakter. Auf der einen Seite ist er an die Beschlüsse des Kreistages gebunden, aber auf der anderen Seite ist er als Beamter der Kreisverwaltungsbehörde den Weisungen der Landesregierung unterworfen. (Siehe: Die kommunalen Ebenen in Bayern, 5. Aufl., 2001, S.30f., Politische Landeskunde Freistaat Bayern, 3. Aufl., 2000, S.146, 147, Gemeinde, Landkreis, Bezirk, 3. Aufl. 1997, S.66f, alle: Landeszentrale für politische Bildungsarbeit).

5. Bezirke

Bayern ist das einzige Bundesland in der BRD in dem es über den Landkreisen noch die kommunale Verwaltungsebene der Bezirke gibt.

Die sieben Bezirke in Bayern fungieren als sogenannte staatliche Mittelbehörde und sind sowohl Gemeindeverbände (Art. 10 Abs. 1 BV) als auch Gebietskörperschaften mit dem Recht die Aufgaben zu übernehmen die das Leistungsvermögen der Landkreise und Gemeinden übersteigen, die aber über das Gebiet des Bezirkes nicht hinaus reichen.

Die Einteilung Bayerns geht zurück bis auf die Reformen des Grafen Montgelas Anfang des 19. Jahrhunderts, der Bayern, nach Vorbild der französischen Departements, in fünfzehn nach Flüssen benannten Kreise einteilte. Das waren die Vorläufer der heutigen Bezirke. Ziel des Grafen Montgelas war es, "den Bürgern die Vorteile näher gelegener unmittelbarer Administrations - Behörden zu verschaffen und diejenigen Bezirke, welche durch gleiche Sitten und die Gewohnheit langer Jahre oder durch die von der Natur selbst bezeichneten Lage näher miteinander verbunden sind, in ihrer engen Verbindung zu belassen". (Aus: Reigl/Schober/Skoruppa, Kommunale Gliederung in Bayern nach der Gebietsreform, Deutscher Gemeindeverlag, 1978, S.3).

Die wichtigste Funktion aber die sich Montgelas von der Bildung der Bezirke versprach war die **Identifikations - und Integrationsfunktion.** Montgelas wollte das Zusammenwachsen der unterschiedlichen Volksstämme fördern und auch heute noch erfüllen die Bezirke diese Funktion. (Aus: Politische Landeskunde Freistaat Bayern, 2000, 3. Aufl. S.149)

Am 20. Februar 1817 wurde das Königreich Bayern schließlich in acht "Kreise" (einschließlich der linksrheinischen Pfalz) eingeteilt und erst am 29. November 1837 wurden die "Kreise" mit den Stammesnamen versehen, die heute noch ihre Gültigkeit haben.

Erst mit der Bezirksordnung vom 27. Juli 1953 erhielten die Bezirke die Bezeichnung "Regierungsbezirke". Vorher war die Bezeichnung Bezirksverbände (ab 1939) gebräuchlich.

(Aus: Reigl/Schober/Skoruppa, Kommunale Gliederung in Bayern nach der Gebietsreform, 1978, S.3f und Die kommunalen Ebenen in Bayern, 5. Aufl. 2001, S.32).

Die **Organe** des Bezirkes sind, der Bezirkstag, der Bezirksausschuß, die weiteren Ausschüsse, der Bezirkstagspräsident, dessen gewählter Stellvertreter, sowie die weiteren Stellvertreter.

Der Bezirkstagspräsident hat eine ähnliche Rechtsstellung wie der erste Bürgermeister. Er führt die Dienstaufsicht über die Bediensteten und ist Vorgesetzter der Bezirksbeamten.

Die Verwaltung des Bezirkes wird im Verwaltungsverbund mit der staatlichen Regierung geführt. (Art.35 BezO).

Der Bezirkstag wird zusammen mit dem Landtag auf fünf Jahre gewählt.

Der Bezirkstagspräsident wird nicht direkt vom Volk gewählt, sondern vom Bezirkstag, aus dessen Mitte.

Pflichtaufgaben des Bezirkes sind unter anderen, die Errichtung von stationären und teilstationären Einrichtungen für Psychiatrie, Neurologie und Suchtkranke, Sehbehinderte, Hörbehinderte und Sprachbehinderte, sowie Rehabilitationszentren zur Wiedereingliederung von Behinderten z. B. durch Unfall oder Krankheit.

Außerdem obliegt den Bezirken die Denkmalpflege, Heimatpflege sowie das Sonderschulwesen und die Kriegsopferfürsorge.

Desweiteren haben die Bezirke **übertragene Aufgaben** des Staates zu erfüllen, so z. B. die Unterbringung von Straftätern in psychiatrische Krankenhäuser, wenn das gerichtlich angeordnet wurde.

Auch **freiwillige Aufgaben** können die Bezirke übernehmen, wie etwa die Errichtung von Fachschulen oder Wohnhäuser für Einkommensschwache usw.

Die 7 Bezirke gehören außerdem zu den größten Arbeitgebern in Bayern mit rund 19.000 Beschäftigten.

Der Großteil der Beschäftigten gehört dem Krankenhauspersonal der 28 Bezirkskrankenhäusern an. (Aus: Gemeinde Landkreis Bezirk, 1997, S69f und Die kommunalen Ebenen in Bayern, 2001, S.32f).

6. Gebietsreform vom 16. Dezember 1971

Am 16. Dezember 1971 beschloß der Bayerische Landtag die Neugliederung Bayerns in Landkreise und kreisfreie Städte, gefolgt vom Gesetz am 27. Dezember 1971 zur Neuabgrenzung der Regierungsbezirke.

Damit war der Weg geebnet die seit etwa 150 Jahren bestehende Einteilung Bayerns gründlich den neuen Anforderungen anzupassen.

Die kommunale Gebietsgliederung Bayerns war ein Werk des 19. Jahrhunderts und vor allem ein Werk des Grafen Montgelas.

Er schuf aus über 40.000 Städten, Dörfern und Weilern mehr als 7000 Gemeinden.

Diese Einteilung blieb mit kleinen Änderungen bis Ende der 60er Jahre des 20. Jahrhunderts bestehen.

Doch aufgrund der gestiegenen Bevölkerungszahlen, der zunehmenden Verkehrsdichte und den zunehmenden Versorgungsansprüchen der Bürger, war eine Reform unausweichlich, da viele Klein - und Kleinstgemeinden, die zum Teil nur um die hundert Einwohner hatten, diese Verwaltungs - und Versorgungsleistungen aus eigener Kraft einfach nicht mehr erbringen konnten.

Viele kleinere Gemeinden konnten ihre Aufgaben zunehmend nur noch mit Hilfe der Landkreise wahrnehmen, was zu einer verstärkten Abhängigkeit führte und mit kommunaler Selbstverwaltung nicht mehr viel zu tun hatte. (Reigl/ Schober/ Skoruppa, Kommunale Gliederung in Bayern nach der Gebietsreform, Deutscher Gemeindeverlag, 1978, S.14f)

Der Kreis der kommunalen Aufgaben hatte sich seit Ende des Zweiten Weltkrieges ständig erweitert.

War der Staat des 19. Jahrhunderts eher ein "Nachtwächterstaat", der sich aus den privaten Belangen der Bürger und Gemeinden heraus hielt und nur für den allgemeinen Schutz von Gebiet und Bevölkerung sorgte, so wandelte er sich im 20. Jahrhundert (vor allem nach 1945) zum "Sozialstaat".

So mußten auch die Kommunen zunehmend Leistungen, z.B. einer umfassenden "Daseins-vorsorge" für den Bürger erbringen.

Daneben mußten Gemeinden aufgrund des stetig zunehmenden Verkehrsaufkommens das Straßennetz stark ausbauen, sie mußten für eine einwandfreie Wasserversorgung und

Abwasserbeseitigung sorgen, Schulen, Krankenhäuser und Kindergärten mußten errichtet werden und anderes mehr.

Die Erfüllung dieser Vielzahl an neuen Aufgaben setzte ein effektiveres und umfangreicheres Verwaltungswesen voraus.

Die Gemeinden und Landkreise mußten zu größeren, stabileren und effizienter arbeitenden Systemen zusammengeschlossen werden. (Reigl/ Schober/ Skoruppa, Kommunale Gliederung in Bayern nach der Gebietsreform, Deutscher Gemeindeverlag, 1978, S.11ff.)

Vor der Gebietsreform gab es in Bayern noch 6232 Gemeinden 85 davon mit weniger als hundert Einwohnern. (Aus Gebietsreform Bayern, Bayrisches Staatsministerium des Inneren, 1972,S.44)

Nach Abschluß der Gemeindegebietsreform am 1. Mai 1978 waren es nur noch 2052 Gemeinden. (Reigl/ Schober/ Skoruppa, Kommunale Gliederung in Bayern nach der Gebietsreform, Deutscher Gemeindeverlag, 1978, S.44, 45)

Ziele der Reform

Es sollte die Stärkung der kommunalen Selbstverwaltung auf allen Ebenen erreicht werden, die Steigerung der Wirtschaftlichkeit und Wirksamkeit und Bürgernähe für die gesamte Verwaltung, außerdem eine Verbesserung der Lebensverhältnisse und der Abbau des Leistungsgefälles zwischen Stadt und Land. Auch auf dem Lande sollte den Bürgern der selbe Leistungskatalog zur Verfügung stehen wie in den großen Städten. (Aus: Reigl/ Schober/ Skoruppa, Kommunale Gliederung in Bayern nach der Gebietsreform, Deutscher Gemeindeverlag, 1978, S.17)

Nach Auswertung des vorhandenen Materials und mit mehr als zwanzig Jahren Abstand seit Beendigung jener Reform, kann man sagen sie ist gelungen und die angestrebten Ziele wurden überwiegend erreicht.

Literaturverzeichnis

Bayerische Staatskanzlei -Öffentlichkeitsarbeit-, Bayern, Fakten - Zahlen- Politik, 2000, Hrsg. Bayerische Staatskanzlei, München.

Bayerisches Staatsministerium des Inneren, Gebietsreform Bayern - Neugliederung der Landkreise und kreisfreien Städte, 1972, Verlag: Franz Rehm KG, München.

Landeszentrale für politische Bildungsarbeit, Politische Landeskunde Freistaat Bayern, 2000, Hrsg. Landeszentrale für politische Bildungsarbeit, München.

Kitzeder, Peter, Gemeinde Landkreis Bezirk, Bürger und Kommunen in Bayern, 3. Auflage, 1997, Hrsg. Bayerische Landeszentrale für politische Bildungsarbeit, München.

Reigel, O.; Schober, J.; Skoruppa, G.; Kommunale Gliederung in Bayern nach der Gebietsreform, Handbuch für Verwaltung und Wirtschaft, 1978, Deutscher Gemeindeverlag, Köln, Berlin, Hannover, Kiel, Mainz, München.

Roth, R.; Wollmann,H.; Kommunalpolitik, Politisches Handeln in den Gemeinden,1994, Verlag: Leske und Budrich, Opladen.

Wegmann, Manfred, Die kommunalen Ebenen in Bayern: Kommunal - Ordnungen und Wahlen, 5. Auflage, 2001, Hrsg. Landeszentrale für politische Bildungsarbeit, München.